KB216035

그리스도의 제자

이문선 지음 · 두루제자훈련원 편

엔크리스토
ENCHRISTO

"예수께서 모든 도시와 마을에 두루 다니사
그들의 회당에서 가르치시며
천국 복음을 전파하시며
모든 병과 모든 약한 것을 고치시니라"

(마 9:35)

두루제자훈련원(두루선교회)은
예수님이 모든 도시와 마을에 두루 다니사
가르치시며(teaching ministry)
전파하시며(preaching ministry)
고치시는(healing ministry)
사역을 하신 것을 통하여
두루선교에 대한 비전을 가지고 사역하고 있다.

주님께서 우리에게 부탁하신 지상명령은 이 땅 위에 하나님의 나라를 확장하라는 것입니다.

하나님의 나라를 확장하려면 평신도들이 재생산하는 주님의 제자가 되어야 합니다.

주님의 교회는 성도들을 재생산하는 제자로 훈련시켜야 합니다.

이것은 교회 성장을 넘어 교회보다 더 큰 개념인 하나님 나라의 확장을 이루기 위한 것입니다. 우리는 지상명령을 실천하기 위하여 평신도를 무장하려고 합니다.

이 일을 위한 방편으로 그 동안 교회의 목회 현장에서 목회자들과 성도들과 청년들과 함께 공부해 오던 내용들을 정리하여 부족하지만 교재로 출간하게 되었습니다.

본인의 경우 부교역자 때 처음 청년부에 적용해 보았는데 그들이 예수님을 영접하고 말씀을 열심히 배우고 교회로 돌아오고 변화되는 것을 경험하였습니다.

교회를 개척하여 장년부에도 적용하여 보았는데 기존 교인들보다 오히려 초신자들이 더 열심히 배우고 빠르게 성장하는 것을 경험하였습니다.

고등학생 두 명을 데리고 제자성경공부를 시작하였는데 이들이 크게 성장하여 이후 대학에 들어가 캠퍼스에서 제자훈련을 실시하게 되었습니다.

복음을 듣고 교회 출석하여 6개월만에 학습 받고 캠퍼스 리더로 사역하는 모델도 나왔습니다. 큰 교회는 말할 것도 없거니와 작은 교회는 한번 실시해 보기를 권합니다.

개척교회라 사람이 없으면 여자반, 남자반, 청년반, 학생반 네 반을 만들어 각 반에 최소 두 명으로 시작해 볼 것을 권합니다. 교회가 건강하게 성장하고 성도들이 행복하게 신앙 생활하며 재생산하는 것을 경험하게 될 것입니다.

하나님께서 훈련되고 무장된 성도들을 구름 떼와 같이 일으키셔서 하나님의 나라가 크게 확장되어 가기를 소망합니다.

2006. 새해 아침에

이문선(Moon Sun Lee)

>>목회자반

왜 제자훈련을 해야 하는가? 제자훈련의 의미는 무엇인가? 제자훈련에는 어떤 과정이 있는가? 예수님의 제자훈련의 원리는 무엇인가? 제자훈련 방법에는 어떤 것들이 있는가? 제자훈련의 주체는 누가 되어야 하는가? 이 모든 질문에 대하여 이처럼 명쾌하게 해답을 제시하는 탁월한 교재는 일찍이 서점에서 만나보지 못했다. 진정한 그리스도의 제자가 되기를 원하는가? 그리고 제자훈련을 적용하기를 원하는가? 이 교재를 사용해 보라! 경험해 보라! 단언컨대 많은 열매를 맺으리라고 확신한다.

*각과마다 다 귀하고 좋았지만 제자 사역을 하고 있는 나로서는 4과를 배우면서 주님과 목사님께 감사하고 정말 잘 배우게 됨에 감사의 연속이었다.

내가 고민해오던 부족함과 연약함을 한 눈에 보게 되었다. 앞으로 충성된 사람을 선택하고 집중하여 훈련하므로 재생산하는 제자를 세워나가도록 하겠다.

>>평신도반

주님의 지상 명령에 순종하기 위해서는 먼저 제자가 되어야 하는데 본 교재를 통해서 제자가 무엇인지 신구약 성경을 근거로 해서 정확히 알게 되었다.

제자훈련의 과정을 통해서 영적인 성장의 단계를 배우므로 나는 영적인 단계의 어디에 와 있는 지와 각 단계의 자질과 목표를 정확히 깨닫게 되었다.

제자훈련의 원리에서는 예수님의 제자훈련의 원리를 그대로 적용하는 것을 배우면서 주님이 하셨던 것처럼 해야 하는 것을 알게 된 것에 감사했다. 제자훈련의 방법에도 여러 가지 형태가 있는데 본 교재에 아주 합리적이고 훌륭한 방법이 제시되어 있어서 놀랐다.

제자배가의 원리에서는 창조 시 주신 축복이 바로 특권이고 사명이라는 사실을 알게 되었다. 또한 제자 사역은 평신도 사역으로 교회와 모든 그리스도인이 해야 할 일임을 알게 되었다. 성경에 근거한 제자화 사역의 맥을 뚫는 교재를 공부하게 하신 하나님께 무한한 감사를 드린다.

1. 성령의 인도하심과 깨닫게 해 주시기를 위해 기도하십시오.

2. 결석과 지각을 하지 않고 성실히 참석하도록 하십시오.

3. 예습과 복습을 철저히 하십시오.

4. 각 참고 구절의 배경과 의미를 파악하십시오.

5. 토의에 적극 참여하도록 하십시오.

6. 열린 마음으로 정답이 아니라 자신의 생각을 나누십시오.

7. 작은 실천을 구체적으로 적용하십시오.

8. 적용한 것을 실천하기 위해 기도하십시오.

9. 지식적인 성경공부보다 인격과 삶의 변화에 힘쓰십시오.

10. 각 과의 소감과 깨달은 말씀을 정리해 놓으십시오.

11. 과제를 철저히 하는 습관을 기르십시오.

12. 매일 경건 생활을 훈련하는 습관을 기르십시오.

1. 제자의 의미

"밝으매 그 제자들을 부르사 그 중에서
열둘을 택하여 사도라 칭하셨으니" (눅 6:13)

1

'제자' 란 무슨 뜻이며 어떤 사람을 말합니까?

'제자' 는 헬라어로 '마데테스' 인데 '배우다' 라는 뜻의 '만다노' 에서 유래되었으며 히브리어로는 '탈미드' 로 학생을 가리킵니다.

'제자' 의 사전적 의미에는 스승의 가르침을 받는 사람, 학생, 배우는 자, 추종자(따르는 자), 지지자 등이 있습니다.

'제자' 의 유사어로는 도제, 수련 중의 의사, 철학 학파의 학생, 문인, 문도 등이 있습니다.

1. 구약과 신약에서의 제자

1) 구약에서는 누구를 제자라고 말하고 있습니까?

(대상 25:7) 그들과 모든 형제 곧 여호와 찬송하기를 배워 익숙한 자의 수효가 이백팔십팔 명이라 (대상 25:8) 이 무리의 큰 자나 작은 자나 스승이나 제자를 막론하고 다같이 제비 뽑아 직임을 얻었으니

(사 8:16) 너는 증거의 말씀을 싸매며 율법을 내 제자들 가운데에서 봉함하라

2) 이 제자들은 어떤 일을 하는 사람들이었습니까?

3) 신약에서는 누구의 제자로 말하고 있습니까?

(마 10:1) 예수께서 그의 열두 제자를 부르사 더러운 귀신을 쫓아내며

(요 9:28) 그들을 욕하여 이르되 너는 그의 제자이나 우리는 모세의 제자라

(요 4:1) 예수께서 제자를 삼고 세례를 베푸시는 것이 요한보다 많다 하는 말을 바리새인들이 들은 줄을 주께서 아신지라

(막 2:18) 사람들이 예수께 와서 말하되 요한의 제자들과 바리새인의 제자들은 금식하는데 어찌하여 당신의 제자들은 금식하지 아니하나이까

(행 9:25) 그의 제자들이 밤에 사울을 광주리에 담아 성벽에서 달아 내리니라

4) 나는 사람의 제자가 되기보다 누구의 제자가 되겠습니까?

2. 복음서 저자의 의미

1) 마태와 마가는 제자라는 용어를 누구에게 사용했습니까?

(마 10:1) 예수께서 그의 열두 제자를 부르사 더러운 귀신을 쫓아내며

(마 8:21) 제자 중에 또 한 사람이 이르되 주여 내가 먼저 가서 내 아버지를 장사하게 허락하옵소서

(마 27:57) 아리마대의 부자 요셉이라 하는 사람이 왔으니 그도 예수의 제자라

(마 28:19) 그러므로 너희는 가서 모든 민족을 제자로 삼아

(막 3:13) 또 산에 오르사 자기의 원하는 자들을 부르시니 나아온지라

(막 3:14) 이에 열둘을 세우셨으니

2) 사도 요한은 누구를 제자라고 불렀습니까?

(요 6:60) 제자 중 여럿이 듣고 말하되 이 말씀은 어렵도다 누가 들을 수 있느냐

한대

(요 8:31) 그러므로 예수께서 자기를 믿은 유대인들에게 이르시되 너희가 내 말에 거하면 참으로 내 제자가 되고

3) 누가복음과 사도행전의 저자인 누가는 누구를 제자라고 불렀습니까?

(눅 6:13) 밝으매 그 제자들을 부르사 그 중에서 열둘을 택하여 사도라 칭하셨으니

(눅 6:17) 그 제자의 많은 무리와 예수의 말씀도 듣고 병 고침을 받으려고

(행 6:1) 그 때에 제자가 더 많아졌는데

(행 16:1) 바울이 더베와 루스드라에도 이르매 거기 디모데라 하는 제자가 있으니

(행 21:4) 제자들을 찾아 거기서 이레를 머물더니 그 제자들이 성령의 감동으로 바울더러 예루살렘에 들어가지 말라 하더라

(행 21:16) 가이사랴의 몇 제자가 함께 가며 한 오랜 제자 구브로 사람 나손을 데리고 가니 이는 우리가 그의 집에 머물려 함이라

4) 여제자의 성경적인 근거는 무엇입니까?

복음서 저자들의 용례를 통해 나는 제자를 누구로 알겠습니까?

(행 9:36) 욥바에 다비다라 하는 여제자가 있으니

(눅 8:3) 헤롯의 청지기 구사의 아내 요안나와 수산나와 다른 여러 여자가 함께 하여 자기들의 소유로 그들을 섬기더라

3. 제자의 동의어

1) 복음서 저자들은 제자라는 용어의 동의어를 누구에게 사용했습니까?

(눅 6:13) 밝으매 그 제자들을 부르사 그 중에서 열둘을 택하여 사도라 칭하셨으니

(눅 19:37) 제자의 온 무리가 자기들이 본 바 모든 능한 일로 인하여 기뻐하며

(행 2:41) 그 말을 받은 사람들은 세례를 받으매 이 날에 신도의 수가 삼천이나 더하더라

(행 2:44) 믿는 사람이 다 함께 있어 모든 물건을 서로 통용하고

(행 6:7) 하나님의 말씀이 점점 왕성하여 예루살렘에 있는 제자의 수가 더 심히 많아지고

(행 14:21) 복음을 그 성에서 전하여 많은 사람을 제자로 삼고

2) 믿는 제자의 특징은 무엇입니까?

(요 15:19) 너희가 세상에 속하였으면 세상이 자기의 것을 사랑할 터이나 너희는 세상에 속한 자가 아니요 도리어 내가 너희를 세상에서 택하였기 때문에

(요 6:68) 시몬 베드로가 대답하되 주여 영생의 말씀이 주께 있사오니 우리가 누구에게로 가오리이까 (요 6:69) 우리가 주는 하나님의 거룩하신 자이신 줄 믿고 알았사옵나이다

(요 13:35) 너희가 서로 사랑하면 이로써 모든 사람이 너희가 내 제자인 줄 알리라

(요 15:8) 너희가 열매를 많이 맺으면 내 아버지께서 영광을 받으실 것이요 너희는 내 제자가 되리라

(마 8:21) 제자 중에 또 한 사람이 이르되 주여 내가 먼저 가서 내 아버지를 장사하게 허락하옵소서

3) 또한 신약에서는 제자들을 누구라고 하였습니까?

(마 12:49) 제자들을 가리켜 이르시되 나의 어머니와 나의 동생들을 보라 (마 12:50) 누구든지 하늘에 계신 내 아버지의 뜻대로 하는 자가 내 형제요 자매요 어머니이니라

(행 1:16) 형제들아 성령이 다윗의 입을 통하여

(롬 1:13) 형제들아 내가 여러 번 너희에게 가고자 한 것을

(히 3:1) 그러므로 함께 하늘의 부르심을 받은 거룩한 형제들아

(고전 15:58) 그러므로 내 사랑하는 형제들아 견실하며 흔들리지 말고

(마 23:8) 너희 선생은 하나요 너희는 다 형제니라

4) 제자가 제자 됨을 나타내는 표지는 무엇입니까?

나는 형제에게 어떤 사랑을 베풀어 제자 됨을 나타내겠습니까?

(요 13:35) 너희가 서로 사랑하면 이로써 모든 사람이 너희가 내 제자인 줄 알리라

(요일 4:21) 하나님을 사랑하는 자는 또한 그 형제를 사랑할지니라

4. 사도행전과 서신서의 의미

1) 안디옥에서 제자들은 어떤 이름을 얻게 되었습니까?

그 이름의 의미는 무엇입니까?

(행 11:26) 제자들이 안디옥에서 비로소 그리스도인이라 일컬음을 받게 되었더라

(막 3:6) 바리새인들이 나가서 곧 헤롯당과 함께 어떻게 하여 예수를 죽일까 의논하니라

2) 그 이름은 누가 지어 주었습니까?

안디옥에서 그리스도인이라고 불리게 된 이유가 무엇입니까?

그리스도인이란 어떤 사람을 말합니까?

(요일 2:20) 너희는 거룩하신 자에게서 기름 부음을 받고 모든 것을 아느니라

(롬 8:9) 누구든지 그리스도의 영이 없으면 그리스도의 사람이 아니라

(행 26:28) 아그립바가 바울에게 이르되 네가 적은 말로 나를 권하여 그리스도인이 되게 하려 하는도다

(벧전 4:16) 만일 그리스도인으로 고난을 받으면 부끄러워 하지 말고

안디옥에서 그리스도인이란 칭호를 얻게 된 것은 누구의 사역의 결과입니까?

(행 11:25) 바나바가 사울을 찾으러 다소에 가서

(행 11:26) 만나매 안디옥에 데리고 와서 둘이 교회에 일 년간 모여 있어 큰 무리를 가르쳤고 제자들이 안디옥에서 비로소 그리스도인이라 일컬음을 받게 되었더라

3) 제자란 용어는 서신서에서 사라지고 대신 성도란 용어가 사용되었습니다.

신약의 신자들에게 성도란 용어가 처음 사용된 것은 언제부터였습니까?

(행 9:13) 아나니아가 대답하되 주여 이 사람에 대하여 내가 여러 사람에게 듣사온즉 그가 예루살렘에서 주의 성도에게 적지 않은 해를 끼쳤다 하더니

성도는 누구를 가리키는 말입니까?

(골 1:2) 골로새에 있는 성도들 곧 그리스도 안에서 신실한 형제들에게 편지하노니

(고전 1:2) 고린도에 있는 하나님의 교회 곧 그리스도 예수 안에서 거룩하여지고 성도라 부르심을 받은 자들과

(롬 1:7) 로마에서 하나님의 사랑하심을 받고 성도로 부르심을 받은 모든 자에게

4) 성도의 특징은 무엇입니까?

나는 어떤 것에서 거룩하게 살겠습니까?

(벧전 1:15) 오직 너희를 부르신 거룩한 이처럼 너희도 모든 행실에 거룩한 자가 되라

(벧전 1:16) 기록되었으되 내가 거룩하니 너희도 거룩할지어다 하셨느니라

5. 제자란 어떤 사람입니까?

1) 제자는 어떤 사람인지 말해 보십시오.

① 제자란 _____ 자입니다.

(마 28:20) 내가 너희에게 분부한 모든 것을 가르쳐 지키게 하라

② 제자란 _____ 자입니다.

(요 10:27) 내 양은 내 음성을 들으며 나는 그들을 알며 그들은 나를 따르느니라

(요 12:26) 사람이 나를 섬기려면 나를 따르라

③ 제자란 _____ 자입니다.

(마 28:20) 내가 너희에게 분부한 모든 것을 가르쳐 지키게 하라

④ 제자란 _____ 자입니다.

(고전 11:1) 내가 그리스도를 본받는 자가 된 것 같이 너희는 나를 본받는 자가
되라

(히 13:7) 하나님의 말씀을 너희에게 일러 주고 너희를 인도하던 자들을 생각하
며 그들의 행실의 결말을 주의하여 보고 그들의 믿음을 본받으라

(살전 1:6) 또 너희는 많은 환난 가운데서 성령의 기쁨으로 말씀을 받아 우리와
주를 본받은 자가 되었으니

⑤ 제자란 _____ 자입니다.

(마 28:19) 그러므로 너희는 가서 모든 민족을 제자로 삼아

2) 제자는 누구에게 무엇을 배워야 합니까?

(마 11:29) 나는 마음이 온유하고 겸손하니 나의 멍에를 메고 내게 배우라

(요 5:39) 너희가 성경에서 영생을 얻는 줄 생각하고 성경을 연구하거니와 이 성
경이 곧 내게 대하여 증언하는 것이니라

(히 5:8) 그가 아들이시면서도 받으신 고난으로 순종함을 배워서

(요 6:45) 선지자의 글에 그들이 다 하나님의 가르치심을 받으리라 기록되었은
즉 아버지께 듣고 배운 사람마다 내게로 오느니라

나는 주님의 제자로서 주님을 어떻게 따르겠습니까?

(눅 9:23) 또 무리에게 이르시되 아무든지 나를 따라오려거든 자기를 부인하고 날마다 제 십자가를 지고 나를 따를 것이니라

3) 신앙훈련은 어떻게 해야 합니까?

(딤전 4:7) 망령되고 허탄한 신화를 버리고 경건에 이르도록 네 자신을 연단하라

나는 주님의 무엇을 본받아야 합니까?

(롬 8:29) 하나님이 미리 아신 자들로 또한 그 아들의 형상을 본받게 하기 위하여 미리 정하셨으니 이는 그로 많은 형제 중에서 맏아들이 되게 하려 하심이니라

(롬 6:5) 만일 우리가 그의 죽으심과 같은 모양으로 연합한 자가 되었으면 또한 그의 부활과 같은 모양으로 연합한 자도 되리라

4) 제자는 주님과 같은 제자를 만들어 내야 합니다.

나는 몇 명의 제자를 만들어 냈습니까?

이제 나는 누구를 제자 삼겠습니까?

이 과를 마치면서

1. 잘 배우고 잘 따르고 잘 훈련받고 잘 본받고 잘 재생산하는 제 자가 되도록 기도하십시오.

소감 및 깨달은 말씀

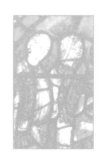

2. 제자훈련의 목적

"또 이르시되 너희는 온 천하에 다니며 만민에게 복음을 전파하라" (막 16:15)

2

제자훈련을 하는 목적이 무엇입니까?

왜 우리가 제자훈련을 실시해야 합니까?

제자훈련은 예수님이 마지막으로 부탁하신 지상 명령을 성취하기 위한 것입니다.

예수님이 부활하셔서 승천하시기 전에 주신 최후의 명령을 지상 명령이라고 부릅니다.

예수님은 승천하시기 전 갈릴리에서 위대한 선교 명령을 주셨습니다. 우리는 이것을 지상 명령 혹은 가장 큰 명령 혹은 위대한 위임(the great commission)이라고 합니다.

이 지상 명령에서 본동사는 '제자 삼으라'는 단어로 지상 명령의 핵심은 제자 삼는 것입니다. 그러므로 우리는 제자훈련을 하는 것입니다.

1. 지상 명령의 근거

1) 지상 명령은 주님이 부활하신 후 마지막으로 부탁하신 무엇과 같습니까?

지상 명령의 근거는 어디에 있습니까?

(마 28:16) 열한 제자가 갈릴리에 가서 예수께서 지시하신 산에 이르러

(마 28:17) 예수를 뵈옵고 경배하나 아직도 의심하는 사람들이 있더라

2) 지상 명령을 주신 예수님은 어떤 분이십니까?

(마 28:18) 예수께서 나아와 말씀하여 이르시되 하늘과 땅의 모든 권세를 내게 주셨으니

(단 7:13) 내가 또 밤 환상 중에 보니 인자 같은 이가 하늘 구름을 타고 와서 옛 적부터 항상 계신 이에게 나아가 그 앞으로 인도되매 (단 7:14) 그에게 권세와 영광과 나라를 주고 모든 백성과 나라들과 다른 언어를 말하는 모든 자들이 그를 섬기게 하였으니 그의 권세는 소멸하지 아니하는 영원한 권세요 그의 나라는 멸망하지 아니할 것이니라

(벧전 3:22) 그는 하늘에 오르사 하나님 우편에 계시니 천사들과 권세들과 능력들이 그에게 복종하느니라

(빌 2:9) 이러므로 하나님이 그를 지극히 높여 모든 이름 위에 뛰어난 이름을 주사 (빌 2:10) 하늘에 있는 자들과 땅에 있는 자들과 땅 아래에 있는 자들로 모든 무릎을 예수의 이름에 꿇게 하시고

3) 나는 지상 명령의 무게를 얼마나 느끼고 있습니까?

나는 이 지상 명령에 얼마나 순종하였습니까?

4) 다른 많은 일과 비교해 볼 때 지상 명령은 얼마나 실천하였습니까?

나는 나의 인생의 목표를 성취하는 삶을 살겠습니까? 아니면 지상 명령을 성취하는 삶을 살겠습니까?

2. 지상 명령의 목표

1) 예수님이 부탁하신 지상 명령의 목표는 무엇입니까?

(마 28:19) 그러므로 너희는 가서 모든 민족을 제자로 삼아

(막 16:15) 또 이르시되 너희는 온 천하에 다니며 만민에게 복음을 전파하라

2) 하나님께서 아브라함과 이스라엘을 부르신 이유가 무엇입니까?

(마 10:5) 예수께서 이 열둘을 내보내시며 명하여 이르시되 이방인의 길로도 가지 말고 사마리아인의 고을에도 들어가지 말고

(마 10:6) 오히려 이스라엘 집의 잃어버린 양에게로 가라

(창 12:3) 땅의 모든 족속이 너로 말미암아 복을 얻을 것이라 하신지라

3) 하나님과 예수님의 목표는 무엇입니까?

예수님이 이 세상에 오셔서 하신 일은 무엇입니까?

하나님께서 이스라엘 대신 새 이스라엘인 교회를 부르셨습니다.

교회의 사명은 무엇이라고 생각합니까?

(막 1:15) 이르시되 때가 찼고 하나님의 나라가 가까이 왔으니 회개하고 복음을 믿으라 하시더라

우리는 누구에게 가야 합니까? 그러하기 위해 어떻게 해야 합니까?

(행 11:19) 그 때에 스데반의 일로 일어난 환난으로 말미암아 흩어진 자들이 베니게와 구브로와 안디옥까지 이르러 유대인에게만 말씀을 전하는데

(행 11:20) 그 중에 구브로와 구레네 몇 사람이 안디옥에 이르러 헬라인에게도 말하여 주 예수를 전파하니

(행 11:21) 주의 손이 그들과 함께 하시매 수많은 사람들이 믿고 주께 돌아오더라

4) 제자훈련을 캠퍼스나 교회에서만 실시해야 한다고 생각하고 있지 않습니까?

나는 이제 어디에서 제자훈련을 실시하도록 하겠습니까?

나는 세계 복음화를 위해 어떠한 제자훈련 계획을 세우겠습니까?

3. 지상 명령의 성취 전략

1) 지상 명령의 핵심은 무엇이며 왜 그렇습니까?

예수님은 하나님 나라를 실현하기 위한 전략으로 무엇을 명하셨습니까?

(마 28:19) 그러므로 너희는 가서 모든 민족을 제자로 삼아

2) 우리는 제자훈련을 실시하여 어떤 제자를 만들어야 합니까?

그 제자는 예수님의 무엇을 닮은 제자여야 합니까?

(롬 8:29) 하나님이 미리 아신 자들을 또한 그 아들의 형상을 본받게 하기 위하여 미리 정하셨으니

(골 1:28) 우리가 그를 전파하여 각 사람을 권하고 모든 지혜로 각 사람을 가르침은 각 사람을 그리스도 안에서 완전한 자로 세우려 함이니

(딤후 3:16) 모든 성경은 하나님의 감동으로 된 것으로 교훈과 책망과 바르게 함과 의로 교육하기에 유익하니 (딤후 3:17) 이는 하나님의 사람으로 온전하게 하며 모든 선한 일을 행할 능력을 갖추게 하려 함이라

(엡 4:13) 우리가 다 하나님의 아들을 믿는 것과 아는 일에 하나가 되어 온전한 사람을 이루어 그리스도의 장성한 분량이 충만한 데까지 이르리니

(행 11:26) 만나매 안디옥에 데리고 와서 둘이 교회에 일 년간 모여 있어 큰 무리를 가르쳤고 제자들이 안디옥에서 비로소 그리스도인이라 일컬음을 받게 되었더라

3) 또한 우리는 제자훈련을 실시하여 사역적인 면에서 어떤 제자를 만들어야 하며 그 이유는 무엇입니까?

하나님 나라를 확장하려면 누가 제자 삼아야 합니까?

(엡 4:12) 이는 성도를 온전하게 하여 봉사의 일을 하게 하며 그리스도의 몸을 세우려 하심이라

4) 제자를 삼으려면 내가 먼저 제자가 되어야 합니다.

나는 제자 삼도록 훈련되어 있습니까?

나는 제자훈련을 잘 받고 있습니까? 앞으로 어떻게 훈련받겠습니까?

나는 누구를 제자 삼았고 또 누구를 제자 삼겠습니까?

4. 제자 삼는 방법

지상 명령의 네 가지 동사 가운데서 '제자 삼으라' 가 본동사이고 나머지 '가서' '세례를 주어' '가르쳐' 는 '제자를 삼아' 를 보조적으로 수식하는 분사입니다. 따라서 제자 삼는 방법은 가서 세례를 주어 가르쳐 지키게 하여 제자를 삼으라는 것입니다.

1) 우리는 제자 삼고자 어느 곳으로, 누구에게 가야 합니까?

(마 28:19) 그러므로 너희는 가서 모든 민족을 제자로 삼아

(요 17:18) 아버지께서 나를 세상에 보내신 것 같이 나도 그들을 세상에 보내었고

(요 20:21) 예수께서 또 이르시되 너희에게 평강이 있을지어다 아버지께서 나를 보내신 것 같이 나도 너희를 보내노라

(행 1:8) 오직 성령이 너희에게 임하시면 너희가 권능을 받고 예루살렘과 온 유대와 사마리아와 땅 끝까지 이르러 내 증인이 되리라 하시니라

(막 16:15) 또 이르시되 너희는 온 천하에 다니며 만민에게 복음을 전파하라

(롬 10:14) 그런즉 그들이 믿지 아니하는 이를 어찌 부르리요 듣지도 못한 이를 어찌 믿으리요 전파하는 자가 없이 어찌 들으리요 (롬 10:15) 보내심을 받지 아니하였으면 어찌 전파하리요 기록된 바 아름답도다 좋은 소식을 전하는 자들의 발이여 함과 같으니라

2) 우리는 제자 삼고자 누구에게 세례를 주어야 합니까?

세례는 누구의 이름으로 주어야 합니까?

세례의 의미는 무엇입니까?

(마 28:19) 아버지와 아들과 성령의 이름으로 세례를 베풀고

(행 2:38) 베드로가 이르되 너희가 회개하여 각각 예수 그리스도의 이름으로 세례를 받고 죄 사함을 받으라 그리하면 성령의 선물로 받으리니

(행 22:16) 일어나 주의 이름을 불러 세례를 받고 너의 죄를 씻으라 하더라

(롬 6:4) 그러므로 우리가 그의 죽으심과 합하여 세례를 받음으로 그와 함께 장사되었나니 이는 아버지의 영광으로 말미암아 그리스도를 죽은 자 가운데서 살리심과 같이 우리로 또한 새 생명 가운데서 행하게 하려 함이라 (롬 6:5) 만일 우리가 그의 죽으심과 같은 모양으로 연합한 자가 되었으면 또한 그의 부활과 같은 모양으로 연합한 자도 되리라

(롬 10:9) 네가 만일 네 입으로 예수를 주로 시인하며 또 하나님께서 그를 죽은 자 가운데서 살리신 것을 네 마음에 믿으면 구원을 받으리라

3) 우리는 제자훈련을 받는 이들에게 무엇을 가르쳐 지키게 해야 합니까?

(마 28:20) 내가 너희에게 분부한 모든 것을 가르쳐 지키게 하라

여기서 '가르치는' 목적이 무엇입니까?

'가르쳐 지키게 하라' 가 현재형인 것은 어떻게 교육하는 것을 뜻합니까?

가르쳐 지키게 하는 것은 한 마디로 무엇을 말합니까?

가르쳐 지키게 하고자 어떻게 양육하고 훈련하라는 말씀입니까?

(고전 4:15) 그리스도 안에서 일만 스승이 있으되 아버지는 많지 아니하니 그리스도 예수 안에서 내가 복음으로써 너희를 낳았음이라

4) 나는 이제 세상에 어떤 자세로 나아가겠습니까?

나는 세례를 주라는 것을 통해 어디에서 적극 제자훈련을 실시하겠습니까?

특별히 나는 예수님의 어떤 말씀에 순종하고 또 그것을 가르치겠습니까?

5. 지상 명령의 성취 능력

1) 지상 명령을 주신 예수님의 위대한 약속은 무엇입니까?

예수님은 언제까지 우리와 함께 하십니까?

(마 28:20) 볼지어다 내가 세상 끝날까지 너희와 항상 함께 있으리라 하시니라

2) 예수님은 어떻게 우리와 함께 하시며 또 이것은 무엇에 대한 약속입니까?

(요 14:16) 내가 아버지께 구하겠으니 그가 또 다른 보혜사를 너희에게 주사 영원토록 너희와 함께 있게 하리니

(요 14:17) 그는 너희와 함께 거하심이요 또 너희 속에 계시겠음이라

(요 14:18) 내가 너희를 고아와 같이 버려두지 아니하고 너희에게로 오리라

3) 주님이 성령으로 함께 하신다는 것은 무엇을 의미합니까?

(눅 24:49) 볼지어다 내가 내 아버지께서 약속하신 것을 너희에게 보내리니 너희는 위로부터 능력으로 입혀질 때까지 이 성에 머물라 하시니라

(행 1:8) 오직 성령이 너희에게 임하시면 너희가 권능을 받고 예루살렘과 온 유

대와 사마리아와 땅 끝까지 이르러 내 증인이 되리라 하시니라

(행 2:2) 홀연히 하늘로부터 급하고 강한 바람 같은 소리가 있어 그들이 앉은 온 집에 가득하며 (행 2:3) 마치 불의 혀처럼 갈라지는 것들이 그들에게 보여 각 사람 위에 하나씩 임하여 있더니

성령의 능력은 어떤 능력입니까?

(갈 5:22) 오직 성령의 열매는 사랑과 희락과 화평과 오래 참음과 자비와 양선과 충성과

(갈 5:23) 온유와 절제니 이같은 것을 금지할 법이 없느니라

(행 2:4) 그들이 다 성령의 충만함을 받고 성령이 말하게 하심을 따라 다른 언어들로 말하기를 시작하니라

(행 4:31) 빌기를 다하매 모인 곳이 진동하더니 무리가 다 성령이 충만하여 담대히 하나님의 말씀을 전하니라

(행 2:43) 사람마다 두려워하는데 사도들로 말미암아 기사와 표적이 많이 나타나니

4) 지상 명령을 감당할 능력도 주셨다면 나는 이제 어떻게 하겠습니까?

나는 성령 충만하기 위해 무엇을 힘쓰겠습니까?

이 과를 마치면서

1. 주님의 지상 명령에 순종하도록 기도하십시오.

   지상 명령을 실천하기 위해 더욱 성령의 능력을 구하십시오.

소감 및 깨달은 말씀

3. 제자훈련의 과정

"아이들아 내가 너희에게 쓴 것은 너희가 아버지를 알았음이요
아비들아 내가 너희에게 쓴 것은 너희가 태초부터 계신 이를 알았음이요
청년들아 내가 너희에게 쓴 것은 너희가 강하고 하나님의 말씀이 너희 안에
거하시며 너희가 흉악한 자를 이기었음이라" (요일 2:14)

3

영적으로 성장하는 과정은 식물이 성장하는 과정과 같습니다.

(막 4:28) 땅이 스스로 열매를 맺되 처음에는 싹이요 다음에는 이삭이요 그 다음에는 이삭에 충실한 곡식이라

씨앗을 심으면 싹이 나고 자라서 이삭이 패고 충실한 곡식을 맺습니다.

사람이 성장하는 과정도 동일합니다.

아기를 낳아 양육하면 어린이가 되고 어린이를 교육하여 청년이 되고 청년이 더욱 성장하여 어른이 됩니다.

마찬가지로 영적인 성장도 영적 생명으로 출생하여 어른으로 성장해 가는 과정을 겪습니다.

1. 영적 성장의 단계

1) 바울이 영적인 상태에 따라 나눈 세 종류의 사람은 누구입니까?
이 세 종류의 사람은 어떤 사람인지 설명해 보십시오.

(고전 2:14) 육에 속한 사람은 하나님의 성령의 일들을 받지 아니하나니 이는 그것들이 그에게는 어리석게 보임이요, 또 그는 그것들을 알 수도 없나니 그러한 일은 영적으로 분별되기 때문이라

(고전 3:1) 형제들아 내가 신령한 자들을 대함과 같이 너희에게 말할 수 없어서 육신에 속한 자 곧 그리스도 안에서 어린 아이들을 대함과 같이 하노라

2) 요한은 구원받은 자를 세 종류로 어떻게 나누고 있습니까?
이 세 종류의 사람은 어떤 사람인지 설명해 보십시오.

(요일 2:12) 자녀들아 내가 너희에게 쓰는 것은 너희 죄가 그의 이름으로 말미암아 사함을 받았음이요 (요일 2:13) 아비들아 내가 너희에게 쓰는 것은 너희가 태초부터 계신 이를 알았음이요 청년들아 내가 너희에게 쓰는 것은 너희가 악한 자를 이기었음이니라 (요일 2:14) 아이들아 내가 너희에게 쓴 것은 너희가 아버지를 알았음이요 아비들아 내가 너희에게 쓴 것은 너희가 태초부터 계신 이를 알았음이요 청년들아 내가 너희에게 쓴 것은 너희가 강하고 하나님의 말씀이 너희 안에 거하시며 너희가 흉악한 자를 이기었음이라

3) 히브리서에서는 영적인 세 단계를 어떻게 나누고 있습니까?
이 세 단계의 사람은 어떤 사람인지 설명해 보십시오.

(히 5:13) 이는 젖을 먹는 자마다 어린 아이니 의의 말씀을 경험하지 못한 자요
(히 5:14) 단단한 음식은 장성한 자의 것이니 그들은 지각을 사용함으로 연단을 받아 선악을 분별하는 자들이니라 (히 6:1) 그러므로 우리가 그리스도의 도의 초

보를 버리고 죽은 행실을 회개함과 하나님께 대한 신앙과 (히 6:2) 세례들과 안수와 죽은 자의 부활과 영원한 심판에 관한 교훈의 터를 다시 닦지 말고 완전한 데로 나아갈지니라

4) 나는 얼마 동안 신앙생활을 해 왔으며 지금 나의 영적인 단계는 어디입니까?
나는 이제 영적인 성장을 위해 어떻게 하겠습니까?

2. 제자훈련의 과정
1) 성경에 나타난 영적 성장의 단계를 반영한 제자훈련 과정의 각 단계들을 설명해 보십시오.

          전도과정   양육과정   훈련과정   무장과정
불신자 ──── 초신자 ──── 양육자 ──── 훈련자 ──── 지도자
                  1 년   2 년   3 년

2) 각 단계에 이르는 과정들을 설명해 보십시오.
① 전도 과정:
(행 8:12) 빌립이 하나님 나라와 및 예수 그리스도의 이름에 관하여 전도함을 그들이 믿고 남녀가 다 세례를 받으니

② 양육 과정:
(골 2:6) 그러므로 너희가 그리스도 예수를 주로 받았으니 그 안에서 행하되
(골 2:7) 그 안에 뿌리를 박으며 세움을 받아 교훈을 받은 대로 믿음에 굳게 서서 감사함을 넘치게 하라

③ 훈련 과정:

(막 6:7) 열두 제자를 부르사 둘씩 둘씩 보내시며 더러운 귀신을 제어하는 권능을 주시고

④ 무장 과정:

(엡 4:11) 그가 어떤 사람은 사도로, 어떤 사람은 선지자로, 어떤 사람은 복음 전하는 자로, 어떤 사람은 목사와 교사로 삼으셨으니 (엡 4:12) 이는 성도를 온전하게 하여 봉사의 일을 하게 하며 그리스도의 몸을 세우려 하심이라

  3) 나는 맡고 있는 직분에 적합한 영적인 수준을 갖추고 있습니까?
나의 영적 수준의 문제점이 무엇이라고 생각합니까?

  4) 모든 성도들은 어느 단계에 이르러야 한다고 봅니까?
나는 앞으로 재생산하는 제자가 되기 위해 어떻게 하겠습니까?

3. 제자훈련 과정의 도표

  1) 제자훈련 과정의 도표를 설명해 보십시오.

도표 1

도표 2

2) 영적 성장은 어떻게 이루어 가고 사역은 어떻게 진행해 나갑니까?

각 단계들은 세상을 향해 무엇을 해야 합니까?

3) 이런 제자훈련의 과정을 통해 두루제자화 과정을 제작하였습니다.

두루제자화 과정을 설명해 보십시오.

① 제자양육과정: 5단계(35과)

1. 그리스도의 복음 2. 그리스도인의 성장 3. 그리스도인의 새생활

4. 그리스도의 교회 5. 그리스도인의 예배

누구나 양육할 수 있도록 쉽게 설명되어 있습니다.

② 제자훈련과정: 5단계(35과)

1. 그리스도인의 새생명 2. 그리스도인의 확신 3. 그리스도인의 생활

4. 그리스도의 교리   5. 그리스도인의 성숙

귀납법적 질문을 통해서 토의식으로 공부하도록 되어 있습니다.

③ 제자무장과정: 5단계(35과)

1. 그리스도의 제자   2. 그리스도인의 인격 3. 그리스도의 제자도

4. 그리스도인의 사역 5. 그리스도인의 지도력

전문화 과정이고 지도자 과정으로 보다 성숙한 신앙으로 무장시킵니다.

   4) 나는 두루제자화 과정을 통해 어떻게 성장하며 사역해 나가겠습니까?

나는 제자 삼기 위해 구체적으로 어떤 계획을 세우고 실천하겠습니까?

4. 각 단계의 자질들

   1) 각 단계의 자질들에 대해서 말해 보십시오.

(1) 초신자(새신자)

① 죄 용서와 구원의 ____이 있는 자.

② 삶의 ____가 있는 자.

③ 리더로부터 ____을 받고 있는 자.

(2) 양육자

① 주님의 주재권(Lordship)이 확립되어 있는 자.

② 한 명 이상의 초신자를 ____하고 있는 자.

③ 제자양육과정을 마치고 훈련자로부터 제자훈련과정을 ____받고 있는 자.

(3) 훈련자

① 삶 속에 ____가 있는 자.

② 한 명 이상의 양육자를 ____하고 있고 여러 명의 초신자를 양육하고 있는 자.

③ 제자훈련과정을 마치고 _____로부터 제자무장과정을 무장 받고 있는 자.

(4) 지도자

① 인격적으로 성숙하고 _____가 확립되어 있는 자.

② 한 명 이상의 훈련자를 ___시키고 있고 복음의 4세대를 이룬 자.

③ 제자무장과정을 마치고 전 과정을 _____할 수 있는 자.

2) 제자훈련 몇 기생인가는 별로 의미가 없으며 많이 배워 많이 안다고 해서 제자가 되는 것은 아닙니다.

그렇다면 제자훈련은 무엇을 보고 말해야 합니까?

3) 내가 제자 삼기 위해서는 먼저 내가 무엇이 되어야 합니까?

제자훈련은 무엇으로부터 시작됩니까?

제자는 누구와 같은 제자를 만들어 내는 것입니까?

4) 나는 지금 누구를 양육하거나 훈련하고 있습니까?

나는 누구를 전도해서 양육하겠습니까?

5. 성경의 실례(근거)

1) 예수님은 어떻게 사역하셨습니까?

복음은 어떻게 확장되어 나갔습니까?

(막 3:14) 이에 열둘을 세우셨으니 이는 자기와 함께 있게 하시고 또 보내사 전도도 하며

(눅 10:1) 이 후에 주께서 따로 칠십 인을 세우사 친히 가시려는 각 동네와 각 지역으로 둘씩 앞서 보내시며

(행 1:15) 모인 무리의 수가 약 백이십 명이나 되더라

(고전 15:6) 그 후에 오백여 형제에게 일시에 보이셨나니

(행 2:41) 그 말을 받는 사람들은 세례를 받으매 이 날에 신도의 수가 삼천이나

더하더라

(행 4:4) 말씀을 들은 사람 중에 믿는 자가 많으니 남자의 수가 약 오천이나 되었더라

(행 5:14) 믿고 주께로 나아오는 자가 더 많으니 남녀의 큰 무리더라

2) 오늘날의 교회는 예수님처럼 사역하고 있습니까?
나는 예수님의 사역 방법을 따라 어떻게 사역하겠습니까?

3) 바울이 말하는 복음의 4세대는 무엇입니까?
나의 바울은 누구이고 나의 디모데는 누구입니까?

(딤후 2:2) 또 네가 많은 증인 앞에서 내게 들은 바를 충성된 사람들에게 부탁하라 그들이 또 다른 사람들을 가르칠 수 있으리라

4) 이 말씀은 누가 누구에게 한 명령이고 디모데후서는 무슨 서신입니까?
그렇다면 제자훈련은 어디에서 실시해야겠습니까?
나는 복음의 4세대를 이루기 위해 어떻게 하겠습니까?
지금까지 제자훈련을 실시하지 않았다면 어떻게 실천하겠습니까?

이 과를 마치면서

1. 교회 직분자들은 적어도 어느 정도 수준이 되어야 한다고 봅니까?
   교회가 영적인 수준에 따라 일군들을 세울 수 있도록 기도하십시오.

소감 및 깨달은 말씀

4. 제자훈련의 원리

"이에 열둘을 세우셨으니 이는 자기와 함께 있게 하시고 또 보내사 전도도 하며
귀신을 내쫓는 권능도 가지게 하려 하심이러라" (막 3:14-15)

4

우리는 제자훈련의 모델을 예수님께로부터 찾을 수 있습니다.
예수님은 열두 제자를 선택하시고 그들을 훈련시키셨습니다.
로버트 콜먼(Robert E. Coleman)은 주님의 전도 계획이라는 책에서 예수님이 실시하셨던 제자훈련의 원리를 여덟 가지로 제시하였습니다.
웨이론 모어(Waylon B. Moore)는 사도행전 20:17-38에서 바울이 실시하였던 제자훈련의 원리를 세 가지로 제시하였습니다.
재생산하여 지상 명령을 실천하는 제자로 훈련하기 위해 예수님이 실시하였던 제자훈련의 원리들 가운데 몇 가지를 적용하고자 합니다.

1. 선택과 집중의 원리

1) 예수님은 열두 제자를 택하시기 전에 무엇을 하셨습니까?

왜 그러셨다고 생각합니까?

(눅 6:12) 이 때에 예수께서 기도하시러 산으로 가사 밤이 새도록 하나님께 기도하시고

(눅 6:13) 밝으매 그 제자들을 부르사 그 중에서 열둘을 택하여 사도라 칭하셨으니

2) 제자를 선택할 때는 충성된 사람을 선택해야 합니다.

그러면 충성된 사람은 어떤 사람입니까?

나는 어떤 사람에게 자신을 투자해야 합니까?

(마 4:18) 갈릴리 해변에 다니시다가 두 형제 곧 베드로라 하는 시몬과 그의 형제 안드레가 바다에 그물 던지는 것을 보시니 그들은 어부라

(행 4:13) 그들이 베드로와 요한이 담대하게 말함을 보고 그들을 본래 학문 없는 범인으로 알았다가 이상히 여기며

3) 성경에 나타난 집중의 원리를 말해 보십시오.

(출 18:25) 이스라엘 무리 중에서 능력 있는 사람들을 택하여 그들을 백성의 우두머리 곧 천부장과 백부장과 오십부장과 십부장을 삼으매

(눅 6:13) 밝으매 그 제자들을 부르사 그 중에서 열둘을 택하여 사도라 칭하셨으니

(마 17:1) 엿새 후에 예수께서 베드로와 야고보와 그 형제 요한을 데리시고 따로 높은 산에 올라가셨더니

4) 예수님이 열두 제자에게 집중하신 이유가 무엇입니까?

오늘날은 다수의 대중에만 관심을 두는 경우가 많습니다.

나는 지금까지 어떻게 사역해 왔습니까?

나는 이제 어떻게 선택하고 집중을 하여 사역하겠습니까?

2. 동행과 양육의 원리

1) 예수님은 선택한 제자들과 어떻게 하셨습니까?

(막 3:14) 이에 열둘을 세우셨으니 이는 자기와 함께 있게 하시고 또 보내사 전도도 하며 (막 3:15) 귀신을 내쫓는 권능도 가지게 하려 하심이러라

2) 예수님은 제자들과 어떻게 하시면서 그들을 양육하셨습니까?

또한 제자들은 예수님에게서 어떻게 배우게 되었습니까?

(요 1:39) 예수께서 이르시되 와서 보라 그러므로 그들이 가서 계신 데를 보고 그 날 함께 거하니 때가 열 시쯤 되었더라

(요 13:3) 저녁 먹는 중 예수는 아버지께서 모든 것을 자기 손에 맡기신 것과 또 자기가 하나님께로부터 오셨다가 하나님께로 돌아가실 것을 아시고

(요 13:4) 저녁 잡수시던 자리에서 일어나 겉옷을 벗고 수건을 가져다가 허리에 두르시고

(요 21:12) 예수께서 이르시되 와서 조반을 먹으라 하시니 제자들이 주님이신 줄 아는 고로 당신이 누구냐 감히 묻는 자가 없더라

(요 21:13) 예수께서 가셔서 떡을 가져다가 그들에게 주시고 생선도 그와 같이 하시니라

3) 예수님은 제자들과 함께 시간을 보내면서 어떻게 훈련하셨습니까?

예수님의 교육 방법은 어떠하였습니까?

(요 15:27) 너희도 처음부터 나와 함께 있었으므로 증언하느니라

(눅 8:1) 이 후에 예수께서 각 성과 마을에 두루 다니시며 하나님의 나라를 선포

하시며 그 복음을 전하실새 열두 제자가 함께 하였고

(마 6:26) 공중의 새를 보라 심지도 않고 거두지도 않고 창고에 모아들이지도 아니하되 너희 하늘 아버지께서 기르시나니 너희는 이것들보다 귀하지 아니하냐

4) 제자들은 예수님께 어떻게 양육 받았고 훈련받았습니까? 나는 이제 멤버를 어떻게 양육하고 훈련하겠습니까?

(눅 8:9) 제자들이 이 비유의 뜻을 물으니

(눅 8:10) 이르시되 하나님 나라의 비밀을 아는 것이 너희에게는 허락되었으나 다른 사람에게는 비유로 하나니 이는 그들로 보아도 보지 못하고 들어도 깨닫지 못하게 하려 함이라

(눅 8:1) 이 후에 예수께서 각 성과 마을에 두루 다니시며 하나님의 나라를 선포하시며 그 복음을 전하실새 열두 제자가 함께 하였고

3. 나눔과 섬김의 원리

1) 예수님은 제자들에게 무엇을 나누어 주셨습니까?

(요 17:8) 나는 아버지께서 내게 주신 말씀들을 그들에게 주었사오며 그들은 이것을 받고

(눅 10:19) 내가 너희에게 뱀과 전갈을 밟으며 원수의 모든 능력을 제어할 권능을 주었으니 너희를 해칠 자가 결코 없으리라

(마 16:19) 내가 천국 열쇠를 네게 주리니 네가 땅에서 무엇이든지 매면 하늘에서도 매일 것이요 네가 땅에서 무엇이든지 풀면 하늘에서도 풀리리라 하시고

(요 14:27) 평안을 너희에게 끼치노니 곧 나의 평안을 너희에게 주노라

(요 17:22) 내게 주신 영광을 내가 그들에게 주었사오니

(엡 5:25) 남편들아 아내 사랑하기를 그리스도께서 교회를 사랑하시고 그 교회를 위하여 자신을 주심 같이 하라

(딤전 2:6) 그가 모든 사람을 위하여 자기를 대속물로 주셨으니

(요 20:22) 이 말씀을 하시고 그들을 향하사 숨을 내쉬며 이르시되 성령을 받으라

2) 우리는 무엇으로 나누어 주어야 합니까?
결국 우리가 나누는 동기는 무엇입니까?

(요 3:16) 하나님이 세상을 이처럼 사랑하사 독생자를 주셨으니 이는 그를 믿는 자마다 멸망하지 않고 영생을 얻게 하려 하심이라

(요 15:13) 사람이 친구를 위하여 자기 목숨을 버리면 이보다 더 큰 사랑이 없나니

(요 13:34) 새 계명을 너희에게 주노니 서로 사랑하라 내가 너희를 사랑한 것 같이 너희도 서로 사랑하라

(고후 5:14) 그리스도의 사랑이 우리를 강권하시는도다

3) 내가 가진 것 중 나누고 섬겨야 할 것에는 어떤 것이 있습니까?
나는 어떤 자세로 가진 것을 나누고 섬겨야 합니까?

(마 10:8) 병든 자를 고치며 죽은 자를 살리며 나병환자를 깨끗하게 하며 귀신을 쫓아내되 너희가 거저 받았으니 거저 주라

그러나 멤버에게는 무엇을 요구해야 합니까?

(눅 14:33) 이와 같이 너희 중의 누구든지 자기의 모든 소유를 버리지 아니하면 능히 내 제자가 되지 못하리라

4) 나는 지금까지 나누는 동기와 방법이 적절하였습니까?
나는 멤버에게 구체적으로 무엇을 요구하겠습니까?

4. 모본과 교육의 원리
1) 예수님은 제자들에게 무엇을 보이시고 행하라고 하셨습니까?

우리는 누구를 보고 배워야 합니까?

(요 13:15) 내가 너희에게 행한 것 같이 너희도 행하게 하려 하여 본을 보였노라

(고전 11:1) 내가 그리스도를 본받는 자가 된 것 같이 너희는 나를 본받는 자가 되라

2) 예수님이 제자들에게 보이셨던 본에는 어떤 것들이 있습니까?

(요 10:35) 성경은 폐하지 못하나니 하나님의 말씀을 받은 사람들을 신이라 하셨거든

(마 4:4) 예수께서 대답하여 이르시되 기록되었으되 사람이 떡으로만 살 것이 아니요 하나님의 입으로부터 나오는 모든 말씀으로 살 것이라 하였느니라 하시니

(눅 11:1) 예수께서 한 곳에서 기도하시고 마치시매 제자 중 하나가 여짜오되 주여 요한이 자기 제자들에게 기도를 가르친 것과 같이 우리에게도 가르쳐 주옵소서

(눅 22:44) 예수께서 힘쓰고 애써 더욱 간절히 기도하시니 땀이 땅에 떨어지는 핏방울 같이 되더라

(눅 8:1) 이 후에 예수께서 각 성과 마을에 두루 다니시며 하나님의 나라를 선포하시며 그 복음을 전하실새 열두 제자가 함께 하였고

(마 16:26) 사람이 만일 온 천하를 얻고도 제 목숨을 잃으면 무엇이 유익하리요 사람이 무엇을 주고 제 목숨과 바꾸겠느냐

(요 13:15) 내가 너희에게 행한 것 같이 너희도 행하게 하려 하여 본을 보였노라

(마 20:28) 인자가 온 것은 섬김을 받으려 함이 아니라 도리어 섬기려 하고 자기 목숨을 많은 사람의 대속물로 주려 함이니라

(벧전 2:21) 이를 위하여 너희가 부르심을 받았으니 그리스도도 너희를 위하여 고난을 받으사 너희에게 본을 끼쳐 그 자취를 따라오게 하려 하셨느니라

(롬 6:5) 만일 우리가 그의 죽으심과 같은 모양으로 연합한 자가 되었으면 또한 그의 부활과 같은 모양으로 연합한 자도 되리라

3) 내가 본받지 말아야 할 것은 무엇입니까?

(마 23:3) 그러므로 무엇이든지 그들이 말하는 바는 행하고 지키되 그들이 하는 행위는 본받지 말라 그들은 말만 하고 행하지 아니하며

4) 가장 좋은 교육 방법은 무엇입니까?

내가 행하지 않으면서 가르친 것이 있다면 어떻게 시정하겠습니까?

5. 위임과 평가의 원리

1) 예수님은 제자들에게 사역을 어떻게 하셨습니까?

예수님이 제자들을 보내시면서 당부하신 말씀은 무엇입니까?

(막 6:7) 열두 제자를 부르사 둘씩 둘씩 보내시며 더러운 귀신을 제어하는 권능을 주시고 (막 6:8) 명하시되 여행을 위하여 지팡이 외에는 양식이나 배낭이나 전대의 돈이나 아무것도 가지지 말며 (막 6:9) 신만 신고 두 벌 옷도 입지 말라 하시고 (막 6:10) 또 이르시되 어디서든지 누구의 집에 들어가거든 그 곳을 떠나기까지 거기 유하라

(마 10:22) 또 너희가 내 이름으로 말미암아 모든 사람에게 미움을 받을 것이나 끝까지 견디는 자는 구원을 얻으리라

(마 10:23) 이 동네에서 너희를 박해하거든 저 동네로 피하라

2) 예수님이 부활하신 후에 위임하신 일은 무엇입니까?

(요 20:21) 아버지께서 나를 보내신 것 같이 나도 너희를 보내노라

(요 20:22) 이 말씀을 하시고 그들을 향하사 숨을 내쉬며 이르시되 성령을 받으라

(요 21:17) 예수께서 이르시되 내 양을 먹이라

(마 28:19) 너희는 가서 모든 민족을 제자로 삼아

(행 1:8) 오직 성령이 너희에게 임하시면 너희가 권능을 받고 예루살렘과 온 유대와 사마리아와 땅 끝까지 이르러 내 증인이 되리라 하시니라

3) 제자들은 사역의 결과를 어떻게 하였습니까?

예수님은 제자들의 사역에 대해 어떻게 하셨습니까?

(막 6:30) 사도들이 예수께 모여 자기들이 행한 것과 가르친 것을 낱낱이 고하니

(막 6:31) 이르시되 너희는 따로 한적한 곳에 가서 잠깐 쉬어라 하시니 이는 오고 가는 사람이 많아 음식 먹을 겨를도 없음이라

(눅 10:17) 칠십 인이 기뻐하며 돌아와 이르되 주여 주의 이름이면 귀신들도 우리에게 항복하더이다

(눅 10:20) 그러나 귀신들이 너희에게 항복하는 것으로 기뻐하지 말고 너희 이름이 하늘에 기록된 것으로 기뻐하라 하시니라

4) 나는 멤버에게 사역을 어떻게 위임하며 훈련시키겠습니까?

나는 멤버에게 일을 맡기고 어떻게 하겠습니까?

이 과를 마치면서

1. 나는 지금까지 예수님의 원리에 따라 제자훈련을 실시해 왔습니까?

   나에게 부족했던 어떤 부분을 보완하여 제자훈련을 실시하겠습니까?

소감 및 깨달은 말씀

5. 제자훈련의 방법

"날마다 마음을 같이하여 성전에 모이기를 힘쓰고
집에서 떡을 떼며 기쁨과 순전한 마음으로 음식을 먹고" (행 2:46)

5

제자훈련을 어떤 방법으로 실시하는 것이 효과적이겠습니까?

제자훈련을 실시하는 데는 일대일, 소그룹, 팀, 공동체의 방법, 개인적인 방법 등 여러 가지 방법이 있습니다.

이 가운데 어느 한 가지 방법만 고집할 필요는 없습니다.

각 선교 상황에 따라 효과적인 방법을 택하는 것이 바람직합니다.

특별히 교회에서 실시하는 제자훈련은 여러 다양한 방법을 통해 종합적으로 접근해야 한다고 봅니다.

1. 일대일의 방법

1) 일대일의 방법은 어떤 것입니까?

일대일의 방법은 어느 정도의 인원으로 구성됩니까?

(고전 4:15) 그리스도 안에서 일만 스승이 있으되 아버지는 많지 아니하니 그리스도 예수 안에서 내가 복음으로써 너희를 낳았음이라

2) 일대일 방법에 대한 성경의 실례를 말해 보십시오.

(막 5:37) 베드로와 야고보와 야고보의 형제 요한 외에 아무도 따라옴을 허락하지 아니하시고

(마 17:1) 엿새 후에 예수께서 베드로와 야고보와 그 형제 요한을 데리시고 따로 높은 산에 올라가셨더니

(마 26:37) 베드로와 세베대의 두 아들을 데리고 가실새 고민하고 슬퍼하사

(딤후 2:2) 또 네가 많은 증인 앞에서 내게 들은 바를 충성된 사람들에게 부탁하라 그들이 또 다른 사람들을 가르칠 수 있으리라

(행 20:31) 그러므로 여러분이 일깨어 내가 삼 년이나 밤낮 쉬지 않고 눈물로 각 사람을 훈계하던 것을 기억하라

(골 1:28) 우리가 그를 전파하여 각 사람을 권하고 모든 지혜로 각 사람을 가르침은 각 사람을 그리스도 안에서 완전한 자로 세우려 함이니

(살전 2:11) 너희도 아는 바와 같이 우리가 너희 각 사람에게 아버지가 자기 자녀에게 하듯 권면하고 위로하고 경계하노니

(행 15:39) 바나바는 마가를 데리고 배 타고 구브로로 가고

(출 24:13) 모세가 그의 부하 여호수아와 함께 일어나 모세가 하나님의 산으로

올라가며

(출 33:11) 사람이 자기의 친구와 이야기함 같이 여호와께서는 모세와 대면하여 말씀하시며 모세는 진으로 돌아오나 눈의 아들 젊은 수종자 여호수아는 회막을 떠나지 아니하니라

(민 27:18) 여호와께서 모세에게 이르시되 눈의 아들 여호수아는 그 안에 영이 머무는 자니 너는 데려다가 그에게 안수하고

(신 34:9) 모세가 눈의 아들 여호수아에게 안수하였으므로 그에게 지혜의 영이 충만하니 이스라엘 자손이 여호와께서 모세에게 명령하신 대로 여호수아의 말을 순종하였더라

(왕상 19:19) 엘리야가 거기서 떠나 사밧의 아들 엘리사를 만나니 그가 열두 겨릿소를 앞세우고 밭을 가는데 자기는 열둘째 겨릿소와 함께 있더라 엘리야가 그리로 건너가서 겉옷을 그의 위에 던졌더니

(왕상 19:21) 엘리사가 그를 떠나 돌아가서 한 겨릿소를 가져다가 잡고 소의 기구를 불살라 그 고기를 삶아 백성에게 주어 먹게 하고 일어나 엘리야를 따르며 수종 들었더라

(왕하 2:9) 건너매 엘리야가 엘리사에게 이르되 나를 네게서 데려감을 당하기 전에 내가 네게 어떻게 할지를 구하라 엘리사가 이르되 당신의 성령이 하시는 역사가 갑절이나 내게 있게 하소서 하는지라

3) 일대일 방법의 장점과 단점은 무엇입니까?

일대일의 방법은 어떤 사람에게 가장 적합하다고 봅니까?

(마 18:19) 진실로 다시 너희에게 이르노니 너희 중의 두 사람이 땅에서 합심하여 무엇이든지 구하면 하늘에 계신 내 아버지께서 그들을 위하여 이루게 하시리라

(마 18:20) 두 세 사람이 내 이름으로 모인 곳에는 나도 그들 중에 있느니라

4) 일대일로 하는 것에는 어떤 것들이 있습니까?

일대일로 하는 훈련은 어떻게 하는 것이 효과적입니까?

나의 바울은 누구이고 나의 디모데는 누구입니까?

나는 누구에게 훈련을 받고 있으며 앞으로 나는 누구를 훈련하겠습니까?

일대일의 모임은 어떻게 하는 것이 좋은지 말해 보십시오.

2. 소그룹의 방법

1) 소그룹의 방법은 어떤 것입니까?

소그룹으로는 어느 정도의 인원이 적합합니까?

캠퍼스 상황에서는 몇 명 정도의 인원이 적합하다고 보며 그 이유는 무엇입니까?

2) 소그룹 방법에 대한 성경의 실례를 말해 보십시오.

(마 10:1) 예수께서 그의 열두 제자를 부르사 더러운 귀신을 쫓아내며 모든 병과 모든 약한 것을 고치는 권능을 주시니라

(행 6:3) 형제들아 너희 가운데서 성령과 지혜가 충만하여 칭찬 듣는 사람 일곱을 택하라 우리가 이 일을 그들에게 맡기고

(창 7:13) 곧 그 날에 노아와 그의 아들 셈, 함, 야벳과 노아의 아내와 세 며느리가 다 방주로 들어갔고

(출 18:25) 이스라엘 무리 중에서 능력 있는 사람들을 택하여 그들을 백성의 우

두머리 곧 천부장과 백부장과 오십부장과 십부장을 삼으매

3) 소그룹 방법의 장점과 단점은 무엇입니까?

소그룹의 방법은 어떤 사람에게 적합하다고 봅니까?

(엡 4:16) 그에게서 온 몸이 각 마디를 통하여 도움을 받음으로 연결되고 결합되어 각 지체의 분량대로 역사하여 그 몸을 자라게 하며 사랑 안에서 스스로 세우느니라

4) 소그룹으로 모이는 것에는 어떤 것들이 있습니까?

소그룹으로 하는 훈련은 어떻게 하는 것이 효과적입니까?

나는 소그룹의 모임에 어떤 자세로 참여하였습니까?

나는 멤버들의 신앙 성장을 위해 소그룹을 어떻게 준비하여 참여하겠습니까?

소그룹의 모임은 어떻게 하는 것이 좋습니까?

3. 팀의 방법

1) 팀의 방법은 어떤 것입니까?

팀의 규모는 어느 정도가 적합하다고 봅니까?

2) 팀으로 하는 방법에 대한 성경의 실례를 말해 보십시오.

(눅 8:1) 이 후에 예수께서 각 성과 마을에 두루 다니시며 하나님의 나라를 선포하시며 그 복음을 전하실새 열두 제자가 함께 하였고

(눅 8:2) 또한 악귀를 쫓아내심과 병 고침을 받은 어떤 여자들 곧 일곱 귀신이

나간 자 막달라인이라 하는 마리아와

(눅 8:3) 헤롯의 청지기 구사의 아내 요안나와 수산나와 다른 여러 여자가 함께 하여 자기들의 소유로 그들을 섬기더라

(빌 4:3) 또 참으로 나와 멍에를 같이한 네게 구하노니 복음에 나와 함께 힘쓰던 저 여인들을 돕고 또한 글레멘드와 그 외에 나의 동역자들을 도우라 그 이름들이 생명책에 있느니라

3) 팀으로 하는 방법의 장점과 단점은 무엇입니까?
팀의 방법은 어떤 사람에게 적합하다고 봅니까?

4) 팀으로 하는 것에는 어떤 것들이 있습니까?
팀으로 하는 훈련은 어떻게 하는 것이 효과적입니까?
팀으로 하는 모임은 어떻게 하는 것이 좋습니까?

4. 공동체의 방법

1) 공동체의 방법은 어떤 것입니까?
공동체는 어느 정도의 규모가 적합하다고 봅니까?

2) 공동체 방법에 대한 성경의 실례를 말해 보십시오.
(행 2:46) 날마다 마음을 같이 하여 성전에 모이기를 힘쓰고

(행 1:13) 들어가 그들이 유하는 다락방으로 올라가니 베드로, 요한, 야고보, 안드레와 빌립, 도마와 바돌로매, 마태와 및 알패오의 아들 야고보, 셀롯인 시몬, 야

고보의 아들 유다가 다 거기 있어

(행 1:14) 여자들과 예수의 모친 마리아와 예수의 아우들로 더불어 마음을 같이 하여 오로지 기도에 힘쓰더라

(행 1:15) 모인 무리의 수가 약 백이십 명이나 되더라

3) 공동체 방법의 장점과 단점은 무엇입니까?
공동체의 방법은 어떤 사람에게 적합하다고 봅니까?

4) 공동체적으로 하는 것에는 어떤 것들이 있습니까?
공동체적으로 하는 훈련은 어떻게 하는 것이 효과적입니까?

나는 공동체의 모임에 열심히, 적극적으로 참여하였습니까?

나는 앞으로 공동체의 모임에 어떻게 참여하겠습니까?

5. 개인적인 방법
1) 개인적인 방법은 어떤 것입니까?

2) 개인적인 방법의 성경적인 근거는 무엇입니까?
(요일 2:20) 너희는 거룩하신 자에게서 기름 부음을 받고 모든 것을 아느니라

(요일 2:27) 너희는 주께 받은 바 기름 부음이 너희 안에 거하나니 아무도 너희를 가르칠 필요가 없고 오직 그의 기름 부음이 모든 것을 너희에게 가르치며 또 참되고 거짓이 없으니 너희를 가르치신 그대로 주 안에 거하라

(요 14:26) 보혜사 곧 아버지께서 내 이름으로 보내실 성령 그가 너희에게 모든 것을 가르치고 내가 너희에게 말한 모든 것을 생각나게 하리라

(단 9:2) 곧 그 통치 원년에 나 다니엘이 책을 통해 여호와께서 말씀으로 선지자 예레미야에게 알려 주신 그 연수를 깨달았나니 곧 예루살렘의 황폐함이 칠십 년 만에 그치리라 하신 것이니라

3) 개인적인 방법의 장점과 단점은 무엇입니까?

4) 개인적으로 하는 훈련에는 어떤 것들이 있습니까?
개인적으로 하는 훈련은 어떻게 하는 것이 효과적입니까?
나는 성령 교사로부터 가르침을 잘 받고 있습니까?
나는 성령의 가르침을 받기 위해 구체적으로 어떻게 하겠습니까?

이 과를 마치면서

1. 교회제자훈련에서 여러 가지 방법을 적용한다면 어떻게 할 수 있다고 봅니까?
두루제자양육과정과 제자훈련과정과 제자무장과정을 어떤 방법으로 실시하면 보다 효과적이라고 생각합니까?
각각의 방법들은 장점이 곧 단점이 될 수 있기에 상호보완이 필요합니다.
나는 어떤 부분이 부족했으며 앞으로 어떻게 보완하여 훈련하겠습니까?

소감 및 깨달은 말씀

6. 제자배가의 원리

"하나님이 그들에게 복을 주시며 하나님이 그들에게 이르시되 생육하고 번성하여
땅에 충만하라, 땅을 정복하라, 바다의 물고기와 하늘의
새와 땅에 움직이는 모든 생물을 다스리라 하시니라" (창 1:28)

6

하나님께서는 온 우주만물을 창조하신 다음, 마지막으로 인간을 창조하셨습니다.

(창 1:26) 하나님이 이르시되 우리의 형상을 따라 우리의 모양대로 우리가 사람을 만들고

(창 1:27) 하나님이 자기 형상 곧 하나님의 형상대로 사람을 창조하시되 남자와 여자를 창조하시고

하나님은 계획하신 대로 하나님의 형상을 따라 인간을 창조하셨습니다.

따라서 인간은 하나님과 교제할 수 있는 존재가 되었으며 하나님의 대리 통치자로서 만물의 영장입니다.

(창 1:28) 하나님이 그들에게 복을 주시며

하나님께서 인간을 창조하시고 복을 주셨습니다.

인간이 하나님께로부터 받은 복은 특권이요 사명이기도 합니다.

1) 하나님께서 인간에게 주신 최초의 창조 명령은 무엇입니까?

(창 1:28) 하나님이 그들에게 복을 주시며 하나님이 그들에게 이르시되 생육하고 번성하여 땅에 충만하라, 땅을 정복하라, 바다의 물고기와 하늘의 새와 땅에 움직이는 모든 생물을 다스리라 하시니라

2) 각 구절의 의미를 설명해 보십시오.

생육하라

번성하라

땅에 충만하라

땅을 정복하라

바다의 고기와 공중의 새와 땅에 움직이는 모든 생물을 다스리라

3) 아담이 타락한 이후에는 자녀를 낳으면 어떻게 구분되었습니까?

(창 4:17) 아내와 동침하매 그가 임신하여 에녹을 낳은지라 가인이 성을 쌓고 그의 아들의 이름으로 성을 이름하여 에녹이라 하니라

(창 4:18) 에녹이 이랏을 낳고 이랏은 므후야엘을 낳고 므후야엘은 므드사엘을 낳고 므드사엘은 라멕을 낳았더라

(창 4:25) 아담이 다시 자기 아내와 동침하매 그가 아들을 낳아 그의 이름을 셋이라 하였으니 이는 하나님이 내게 가인이 죽인 아벨 대신에 다른 씨를 주셨다 함이며

(창 4:26) 셋도 아들을 낳고 그의 이름을 에노스라 하였으며 그 때에 사람들이 비로소 여호와의 이름을 불렀더라

하나님께서 노아 시대의 사람들을 홍수로 심판하신 이유가 무엇입니까?

(창 6:1) 사람이 땅 위에 번성하기 시작할 때에 그들에게서 딸들이 나니

4) 홍수 심판 이후에 노아에게 주신 축복은 아담에게 주신 것과 어떤 것이 같고 어떤 것이 다릅니까?
나는 이제 단순히 자녀를 낳을 뿐만 아니라 어떻게 하겠습니까?
(창 9:1) 하나님이 노아와 그 아들들에게 복을 주시며 그들에게 이르시되 생육하고 번성하여 땅에 충만하라

2. 이스라엘 민족의 배가

1) 하나님께서는 노아의 후손 가운데서 아브라함을 택하시고 부르셨습니다.
아브라함에게 하신 축복은 아담에게 하신 것과 무엇이 같고 무엇이 다릅니까?
(창 12:2) 내가 너로 큰 민족을 이루고 네게 복을 주어 네 이름을 창대하게 하리니 너는 복이 될지라
(창 12:3) 땅의 모든 족속이 너로 말미암아 복을 얻을 것이라

2) 아브라함의 후손들은 애굽으로 내려가 어떻게 되었습니까?
이스라엘 자손의 인구가 어느 정도 되었으며 이것은 무엇을 말해 줍니까?
(출 1:5) 야곱의 허리에서 나온 사람이 모두 칠십이요 요셉은 애굽에 있었더라
(출 1:7) 이스라엘 자손은 생육하고 불어나 번성하고 매우 강하여 온 땅에 가득하게 되었더라
(출 38:26) 계수된 자가 이십 세 이상으로 육십만 삼천오백오십 명인즉

3) 예수님은 공생애를 시작하시면서 무슨 말씀을 하셨습니까?

마지막 부활 승천하시기 전에 분부하신 말씀도 역시 무엇이었습니까?

(마 4:17) 예수께서 비로소 전파하여 이르시되 회개하라 천국이 가까이 왔느니라 하시더라

(막 16:15) 너희는 온 천하에 다니며 만민에게 복음을 전파하라

(행 1:8) 오직 성령이 너희에게 임하시면 너희가 권능을 받고 예루살렘과 온 유대와 사마리아와 땅 끝까지 이르러 내 증인이 되리라 하시니라

   4) 하나님이 의도하셨던 바와 예수님이 오신 목적은 무엇입니까?
내가 해야 할 일 역시 무엇이라고 생각합니까?
나는 이제 어떻게 살겠습니까?

3. 배가는 재생산의 방법

   1) 배가의 방법은 하나님께서 주신 방법이며 성경적인 방법으로 상상을 초월하는 결과를 가져옵니다.
하루에 1,000명씩 전도하는 부흥사와 1년에 한 명씩 배가 시켜나가는 배가자 중 누가 더 빨리 세계 복음화를 이룰 수 있습니까?

   2) 하루에 천 명씩 인도하는 부흥사와 1년에 한 명씩 배가 시켜나가는 배가자와 비교해 보십시오.
배가자는 10년 동안 몇 명을 돌보게 되고 그 결과는 어떻습니까?
배가자와 부흥사의 사역의 결과가 비슷해지는 것은 몇 년째입니까?
배가자가 세계 인구 전부를 전도하게 되는 것은 몇 년째입니까?
부흥사가 세계 인구 전부를 전도하게 되는 것은 몇 년째입니까?
배가자가 세계 인구 전부를 전도하는 것은 그가 몇 년 동안 몇 명을 돌본 결과입니까?
나는 부흥사와 같이 하루에 1,000명을 전도할 수 있겠습니까?

나는 배가자와 같이 1년에 한 명을 제자 삼을 수 있겠습니까?

둘 중 어느 것이 실현 가능하다고 생각합니까?

년수	배가자	부흥사	년수	배가자	부흥사
1	2	365,000	18	262,144	
2	4		19	524,288	
3	8		20	1,048,576	
4	16		21	2,097,152	
5	32		22	4,194,304	
6	64		23	8,388,608	8,395,000
7	128		24	16,777,216	8,760,000
8	256		25	33,554,432	
9	512		26	67,108,864	
10	1,024	3,650,000	27	134,217,728	
11	2,048		28	268,435,456	
12	4,096		29	536,870,912	
13	8,192		30	1,073,741,824	10,950,000
14	16,384		31	2,147,483,648	
15	32,768		32	4,294,967,296	
16	65,536		33	8,589,934,592	12,045,000
17	131,072		34	17,179,869,184	12,410,000

3) 바나바와 바울이 안디옥에서 1년 동안 말씀을 가르친 결과 제자들이 그리스도인이란 칭호를 얻게 되었습니다.

그렇다면 나도 1년간 양육한다면 성숙한 제자를 만들어 낼 수 있겠습니까?

(행 11:26) 만나매 안디옥에 데리고 와서 둘이 교회에 일 년간 모여 있어 큰 무리를 가르쳤고 제자들이 안디옥에서 비로소 그리스도인이라 일컬음을 받게 되었더라

4) 나는 세계 복음화를 이룰 수 있는 확실한 방법이 무엇이라고 봅니까?

그런데 지금까지는 왜 배가의 방법대로 하지 않았습니까?

나는 이제 느리더라도 구체적으로 어떤 방법으로 세계 복음화를 이루겠습니까?

4. 제자 삼는 전략

1) '생육하라' 는 말씀은 '열매를 맺으라' 는 말씀입니다.

'생육하라' 는 말씀은 무엇을 재생산하라는 것입니까?

우리를 택하시고 구속하신 목적이 무엇입니까?

(요 15:16) 너희가 나를 택한 것이 아니요 내가 너희를 택하여 세웠나니 이는 너희로 가서 열매를 맺게 하고 또 너희 열매가 항상 있게 하여 내 이름으로 아버지께 무엇을 구하든지 다 받게 하려 함이라

2) 우리가 과실을 많이 맺을 때 그 결과는 어떻습니까?

하나님께 많은 영광을 돌리려면 어떻게 해야 합니까?

제자가 제자 됨을 나타내는 증거는 무엇입니까?

나는 재생산하는 제자로 살아가고 있습니까?

(요 15:8) 너희가 열매를 많이 맺으면 내 아버지께서 영광을 받으실 것이요 너희가 내 제자가 되리라

3) 전도만 한다고 해서 배가는 일어나지 않습니다.

배가해 나가려면 어떤 제자가 되어야 합니까?

배가를 이룰 수 있는 확실한 전략은 무엇입니까?

(마 28:19) 그러므로 너희는 가서 모든 민족을 제자로 삼아 아버지와 아들과 성

령의 이름으로 세례를 베풀고

(마 28:20) 내가 너희에게 분부한 모든 것을 가르쳐 지키게 하라

4) 제자 삼기 위해서는 먼저 내가 어떤 사람이 되어야 합니까?

제자 삼기 위해서는 내가 영적으로 어느 정도의 사람이 되어야 합니까?

제자 사역의 목표는 원대하나 그 시작은 어떻게 해야 합니까?

나는 구체적으로 어떤 전략을 가지고 제자 사역을 실시하겠습니까?

5. 세계 복음화의 목표

1) 하나님과 예수님의 목표는 무엇입니까?

(마 28:19) 그러므로 너희는 가서 모든 민족을 제자로 삼아

(창 12:3) 너를 축복하는 자에게는 내가 복을 내리고 너를 저주하는 자에게는 내가 저주하리니 땅의 모든 족속이 너로 말미암아 복을 얻을 것이라 하신지라

2) 아브라함과 이스라엘 백성을 선택하신 이유가 무엇입니까?

교회는 새 이스라엘입니다.

(갈 6:16) 무릇 이 규례를 행하는 자에게와 하나님의 이스라엘에게 평강과 긍휼이 있을지어다

나를 부르시고 교회를 세우신 이유가 무엇입니까?

3) 이스라엘 백성들이 사명을 감당하지 않았을 때 어떻게 되었습니까?

복음이 예루살렘에만 머물러 있었을 때 하나님께서는 어떻게 하셨습니까?

(행 8:1) 사울은 그가 죽임 당함을 마땅히 여기더라 그 날에 예루살렘에 있는 교

회에 큰 박해가 있어 사도 외에는 다 유대와 사마리아 모든 땅으로 흩어지니라

4) 교회는 교회 자체보다도 무엇을 위해 힘써야 합니까?

초대교회의 성도들은 그 시대의 사람들을 책임졌습니다.

오늘 우리 시대의 사람들은 누가 책임져야 하겠습니까?

세계 복음화를 이루기 위한 구체적인 계획을 말해 보십시오.

이 과를 마치면서

1. 하나님께서는 생육하고 번성하여 땅에 충만하라고 명령하시면서 이 말씀을 이룰 수 있는 성령의 능력도 아울러 주셨습니다.

(행 1:8) 오직 성령이 너희에게 임하시면 너희가 권능을 받고 예루살렘과 온 유대와 사마리아와 땅 끝까지 이르러 내 증인이 되리라 하시니라

이제 더욱 성령의 능력을 구하면서 순종하도록 기도하십시오.

소감 및 깨달은 말씀

7. 제자훈련의 주체

"그러나 너희는 택하신 족속이요 왕 같은 제사장들이요 거룩한 나라요
그의 소유가 된 백성이니 이는 너희를 어두운 데서 불러 내어 그의 기이한 빛에
들어가게 하신 이의 아름다운 덕을 선포하게 하려 하심이라" (벧전 2:9)

7

우리의 제자훈련 사역은 평신도를 중심으로 이루어집니다.

그런데 평신도라는 표현은 성경적인 용어는 아닙니다.

평신도라는 용어는 헬라어로 '라오스'에 해당되는데 이는 하나님의 백성을 뜻합니다.

(벧전 2:10) 너희가 전에는 백성이 아니더니 이제는 하나님의 백성이요

여기서 하나님의 백성에는 목회자와 모든 신자들이 다 포함됩니다.

그러나 현재는 성직자와 구별하는 용어로써 평신도라는 용어가 사용되고 있습니다.

(행 6:5) 온 무리가 이 말을 기뻐하여 믿음과 성령이 충만한 사람 스데반과 또 빌립과 브로고로와 니가노르와 디몬과 바메나와 유대교에 입교했던 안디옥 사람 니골라를 택하여

(행 6:6) 사도들 앞에 세우니 사도들이 기도하고 그들에게 안수하니라

초대교회에서는 평신도들이 안수 집사를 뽑았으며 사도들이 이들을 안수하여 집사로 세웠습니다.

이렇게 평신도와 성직자의 역할이 서로 구별되는 것을 보게 됩니다.

현재 평신도는 일반 성도를 의미하는 용어로 사용하고 있습니다.

종교 개혁의 중요 원리 중 하나는 모든 성도들이 다 제사장이라는 만

인제사장주의이며 이는 개신교의 중요한 원리가 됩니다.

모든 성도가 다 제사장이라는 사실은 평신도 사역의 중요한 근거가 됩니다. 우리는 만인제사장직에서 평신도 사역의 근거를 찾을 수 있습니다.

1. 제사장의 역할

1) 제사장은 어떤 사람입니까?

2) 구약에서 제사장의 역할은 무엇이었습니까?

(레 6:26) 죄를 위하여 제사 드리는 제사장이 그것을 먹되

(히 7:25) 그러므로 자기를 힘입어 하나님께 나아가는 자들을 온전히 구원하실 수 있으니 이는 그가 항상 살아 계셔서 그들을 위하여 간구하심이라

(민 6:23) 아론과 그의 아들들에게 말하여 이르기를 너희는 이스라엘 자손을 위하여 이렇게 축복하여 이르되 (민 6:24) 여호와는 네게 복을 주시고 너를 지키시기를 원하며 (민 6:25) 여호와는 그의 얼굴을 네게 비취사 은혜 베푸시기를 원하며 (민 6:26) 여호와는 그 얼굴을 네게로 향하여 드사 평강 주시기를 원하노라 할지니라 하라 (민 6:27) 그들은 이같이 내 이름으로 이스라엘 자손에게 축복할지니 내가 그들에게 복을 주리라

(말 2:7) 제사장의 입술은 지식을 지켜야 하겠고 사람들은 그의 입에서 율법을 구하게 되어야 할 것이니 제사장은 만군의 여호와의 사자가 됨이어늘

3) 우리는 믿지 않는 사람들을 위해 제사장으로서 무슨 일을 해야 합니까?

4) 나는 구체적으로 누구를 위해서 제사장 역할을 감당하겠습니까?

2. 제사장은 누구입니까?

1) 구약에서는 누가 제사장의 역할을 담당하였습니까?

(창 8:20) 노아가 여호와께 제단을 쌓고 모든 정결한 짐승과 모든 정결한 새 중에서 제물을 취하여 번제로 제단에 드렸더니

(창 12:7) 여호와께서 아브람에게 나타나 이르시되 내가 이 땅을 네 자손에게 주리라 하신지라 자기에게 나타나신 여호와께 그가 그 곳에서 제단을 쌓고

(출 19:5) 너희가 내 말을 잘 듣고 내 언약을 지키면 너희는 모든 민족 중에서 내 소유가 되겠고 (출 19:6) 너희가 내게 대하여 제사장 나라가 되며 거룩한 백성이 되리라

2) 레위 자손이 제사장 직분을 얻었다가 다시 잃게 된 축복과 저주의 과정을 설명해 보십시오.

(창 49:5) 시므온과 레위는 형제요 그들의 칼은 폭력의 도구로다

(창 49:7) 그 노염이 혹독하니 저주를 받을 것이요 분기가 맹렬하니 저주를 받을 것이라 내가 그들을 야곱 중에서 나누며 이스라엘 중에서 흩으리로다

(출 32:28) 레위 자손이 모세의 말대로 행하매 이 날에 백성 중에 삼천 명 가량이 죽임을 당하니라 (출 32:29) 모세가 이르되 각 사람이 자기의 아들과 자기의 형제를 쳤으니 오늘 여호와께 헌신하게 되었느니라 그가 오늘 너희에게 복을 내리시리라

(민 25:13) 그와 그의 후손에게 영원한 제사장 직분의 언약이라 그가 그의 하나님을 위하여 질투하여 이스라엘 자손을 속죄하였음이니라

(말 2:2) 만군의 여호와가 이르노라 너희가 만일 듣지 아니하며 마음에 두지 아니하여 내 이름을 영화롭게 하지 아니하면 내가 너희에게 저주를 내려 너희의 복을 저주하리라 내가 이미 저주하였나니 이는 너희가 그것을 마음에 두지 아니하였음이니라

(말 2:3) 보라 내가 너희의 자손을 꾸짖을 것이요 똥 곧 너희 절기의 희생의 똥

을 너희 얼굴에 바를 것이라 너희가 그것과 함께 제하여 버림을 당하리라

3) 구약의 제사장 제도를 성취하신 참 제사장은 누구입니까?

(히 7:17) 증언하기를 네가 영원히 멜기세덱의 반차를 따르는 제사장이라 하였도다

(요일 2:2) 그는 우리 죄를 위한 화목 제물이니 우리만 위할 뿐 아니요 온 세상의 죄를 위하심이라

신약에서는 누가 제사장입니까?

(벧전 2:9) 그러나 너희는 택하신 족속이요 왕 같은 제사장들이요 거룩한 나라요 그의 소유가 된 백성이니

(갈 6:16) 하나님의 이스라엘에게 평강과 긍휼이 있을지어다

(계 1:6) 그의 아버지 하나님을 위하여 우리를 나라와 제사장으로 삼으신 그에게 영광과 능력이 세세토록 있기를 원하노라 아멘

4) 하나님께 충성하면 저주가 변해 축복이 되고 불충하면 축복이 변해 저주가 될 것입니다. 나는 특별히 어떤 말씀에 대해 충성하겠습니까?

3. 제사장인 이유와 특권

1) 우리가 제사장으로 직접 하나님께 나아갈 수 있게 된 이유는 무엇입니까?

(히 10:19) 그러므로 형제들아 우리가 예수의 피를 힘입어 성소에 들어갈 담력을 얻었나니 (히 10:20) 그 길은 우리를 위하여 휘장 가운데로 열어 놓으신 새로운 살 길이요 휘장은 곧 그의 육체니라

2) 지성소에 있는 속죄소는 어떤 곳이었습니까?

(레 16:2) 내가 구름 가운데에서 속죄소 위에 나타남이라

(출 25:22) 거기서 내가 너와 만나고 속죄소 위 곧 증거궤 위에 있는 두 그룹 사이에서 내가 이스라엘 자손을 위하여 네게 명령할 모든 일을 네게 이르리라

(시 132:7) 우리가 그의 계신 곳으로 들어가서 그의 발등상 앞에서 엎드려 예배하리로다

(레 16:30) 이 날에 너희를 위하여 속죄하여 너희로 정결하게 하리니 너희의 모든 죄에서 너희가 여호와 앞에 정결하리라

(히 4:16) 그러므로 우리는 긍휼하심을 받고 때를 따라 돕는 은혜를 얻기 위하여 은혜의 보좌 앞에 담대히 나아갈 것이니라

3) 종교개혁으로 성도들은 만인제사장직을 회복했습니다.
그러나 종교개혁은 제사장직의 특권만을 강조하다 보니 책임에 대해서는 강조하지 못한 면이 있습니다.
제사장직의 책임을 회복하는 것은 평신도 사역의 새로운 장을 여는 개혁이라고 봅니다.
성도들은 제사장으로서 어떤 특권을 누리게 되었습니까?

4) 종교개혁은 예배의 개혁이라고도 말할 수 있는데 어떻게 개혁되었습니까?
나는 제사장으로서 어떤 자세로 예배드리겠습니까?

4. 제사장의 책임

1) 우리는 왕 같은 제사장으로서 무슨 일을 해야 합니까?

(벧전 2:9) 그러나 너희는 택하신 족속이요 왕 같은 제사장들이요 거룩한 나라요 그의 소유가 된 백성이니 이는 너희를 어두운 데서 불러 내어 그의 기이한 빛에 들어가게 하신 이의 아름다운 덕을 선전하게 하려 하심이라

(출 19:5) 너희가 내 말을 잘 듣고 내 언약을 지키면 너희는 모든 민족 중에서

내 소유가 되겠고 (출 19:6) 너희가 내게 대하여 제사장 나라가 되며 거룩한 백성이 되리라

(창 12:2) 너는 복이 될지라 (창 12:3) 너를 축복하는 자에게는 내가 복을 내리고 너를 저주하는 자에게는 내가 저주하리니 땅의 모든 족속이 너로 말미암아 복을 얻을 것이라 하신지라 .

2) 우리는 신령한 집에서 신령한 제사를 드릴 거룩한 제사장입니다.

(벧전 2:4) 사람에게는 버린 바가 되었으나 하나님께는 택하심을 입은 보배로운 산 돌이신 예수께 나아가 (벧전 2:5) 너희도 산 돌 같이 신령한 집으로 세워지고 예수 그리스도로 말미암아 하나님이 기쁘게 받으실 신령한 제사를 드릴 거룩한 제사장이 될지니라

신약에서 우리가 드려야 할 제물은 무엇입니까?

(롬 12:1) 그러므로 형제들아 내가 하나님의 모든 자비하심으로 너희를 권하노니 너희 몸을 하나님이 기뻐하시는 거룩한 산 제물로 드리라 이는 너희의 드릴 영적 예배니라

(빌 2:17) 만일 너희 믿음의 제물과 섬김 위에 내가 나를 전제로 드릴지라도 나는 기뻐하고 너희 무리와 함께 기뻐하리니

(빌 4:18) 에바브로디도 편에 너희가 준 것을 받으므로 내가 풍족하니 이는 받으실 만한 향기로운 제물이요 하나님을 기쁘시게 한 것이라

(히 13:16) 서로 나누어 주기를 잊지 말라 하나님은 이같은 제사를 기뻐하시느니라

(히 13:15) 그러므로 우리는 예수로 말미암아 항상 찬송의 제사를 하나님께 드리자 이는 그 이름을 증언하는 입술의 열매니라

(히 13:16) 오직 선을 행함과 서로 나누어 주기를 잊지 말라 하나님은 이같은 제사를 기뻐하시느니라

3) 우리는 복음의 제사장으로서 어떤 제물을 드려야 합니까?

(롬 15:16) 이 은혜는 곧 나로 이방인을 위하여 그리스도 예수의 일꾼이 되어 하나님의 복음의 제사장 직분을 하게 하사 이방인을 제물로 드리는 것이 성령 안에서 거룩하게 되어 받으실 만하게 하려 하심이라

이것은 이사야 선지자의 어떤 예언의 성취로 봅니까?

(사 66:20) 나 여호와가 말하노라 이스라엘 자손이 예물을 깨끗한 그릇에 담아 여호와의 집에 드림 같이 그들이 너희 모든 형제를 뭇 나라에서 나의 성산 예루살렘으로 말과 수레와 교자와 노새와 낙타에 태워다가 여호와께 예물로 드릴 것이요

(사 66:21) 나는 그 가운데에서 택하여 제사장과 레위인을 삼으리라 여호와의 말이니라

4) 하나님께서 나를 새로운 피조물로 만들어 주신 이유는 무엇입니까?

나는 어디에서 화목케 하는 제사장의 직무를 수행하겠습니까?

(고후 5:17) 그런즉 누구든지 그리스도 안에 있으면 새로운 피조물이라 이전 것은 지나갔으니 보라 새 것이 되었도다 (고후 5:18) 모든 것이 하나님께로서 났으며 그가 그리스도로 말미암아 우리를 자기와 화목하게 하시고 또 우리에게 화목하게 하는 직분을 주셨으니

5. 제사장인 교회와 개인

1) 제사장 공동체는 무엇이고 개인적 의미의 제사장은 누구입니까?

(출 19:6) 너희가 내게 대하여 제사장 나라가 되며

(벧전 2:9) 그러나 너희는 택하신 족속이요 왕 같은 제사장들이요

(계 5:10) 그들로 우리 하나님 앞에서 나라와 제사장들을 삼으셨으니(1:6)

(계 20:6) 그들이 하나님과 그리스도의 제사장이 되어 천 년 동안 그리스도와 더

불어 왕 노릇 하리라

2) 교회와 평신도에게 주어진 사역은 무엇입니까?

(마 28:19) 그러므로 너희는 가서 모든 민족을 제자로 삼아 아버지와 아들과 성령의 이름으로 세례를 베풀고 (마 28:20) 내가 너희에게 분부한 모든 것을 가르쳐 지키게 하라

(딤후 2:2) 또 네가 많은 증인 앞에서 내게 들은 바를 충성된 사람들에게 부탁하라 그들이 또 다른 사람들을 가르칠 수 있으리라

(엡 4:11) 그가 어떤 사람은 사도로, 어떤 사람은 선지자로, 어떤 사람은 복음 전하는 자로, 어떤 사람은 목사와 교사로 삼으셨으니 (엡 4:12) 이는 성도를 온전하게 하여 봉사의 일을 하게 하며 그리스도의 몸을 세우려 하심이라

(행 1:8) 오직 성령이 너희에게 임하시면 너희가 권능을 받고 예루살렘과 온 유대와 사마리아와 땅 끝까지 이르러 내 증인이 되리라 하시니라

3) 마가복음 16장의 지상 명령은 누구에게 하신 것입니까?

(막 16:15) 또 이르시되 너희는 온 천하에 다니며 만민에게 복음을 전파하라

(막 16:17) 믿는 자들에게는 이런 표적이 따르리니

4) 그렇다면 제자 삼는 사역은 누구의 사역이며 누가 해야 합니까? 나는 어떻게 지상 명령을 실천하겠습니까?

이 과를 마치면서

1. 제자훈련의 주체는 교회와 평신도이므로 제자훈련은 평신도의 사역입니다.
   나는 왕 같은 제사장으로서 지상 명령을 잘 감당하도록 기도하십시오.

소감 및 깨달은 말씀

출 석 부

제　　　권　　제자양육, 훈련, 무장 과정　　　단계

출석 ⧄8 - 지각　　　　예습 |A,B,C 중|　　　기도 |5번| 일 : 10분 이상

날짜	과	이 름	출 석	예 습	성경읽기	기 도	큐 티	암 송	과 제	인도자

두루제자훈련 제자화 과정 •···

우리는 평신도를 제자화하여 하나님의 나라를 확장한다.

1. 1992.1.28. 마태복음 9:35-38에 예수님이 모든 성과 촌에 두루 다니사 가르치시며 (teaching ministry) 전파하시며(preaching ministry) 고치시는(healing ministry) 사역을 하신 것을 통하여 두루선교에 대한 비전을 주셨다.

2. 우리는 교회를 중심한 제자훈련을 열심히 실시하여 왔으며 우리의 목표는 평신도를 제자화하여 하나님 나라를 확장하는 것이다.

3. 2004. 9.5. 창대교회에서 두루선교대회를 개최하여 캠퍼스 간사와 리더들과 평신도 리더들을 파송하고 지부와 교회 사역자들과 후원 이사들을 위촉하였다.

4. 두루제자훈련원 세미나는 2004년 12월 겨울학기부터 시작하게 되었는데 1년 7학기로 정기세미나를 실시하고 있다.
   1) 초봄 학기: 2월~3월 7주   4) 여름 학기: 8월 집중   7) 겨울학기: 1월 집중
   2) 봄 학기: 4월~5월 7주   5) 가을 학기: 9월~10월 7주
   3) 늦봄 학기: 6월~7월 7주   6) 늦가을학기: 11월~12월 7주

5. 현재 세미나는 목회자반과 평신도반이 개설되어 있으며 캠퍼스는 연세대, 서울대, 이화여대에서 사역하고 있다.

6. 두루제자훈련원 중점 사역들(교회 중심의 제자훈련)
   1) 단계별 소그룹 성경공부
      ① 제자양육과정(5단계: 35과)
      ② 제자훈련과정(5단계: 35과)
      ③ 제자무장과정(5단계: 35과)
   2) 주제별(연역적인 방법) 성경강의(100 Topics)
   3) 책별(귀납적인 방법) 성경연구(신구약 66권)
   4) 제자수련회를 통한 영성훈련

7. 세미나 및 교재에 대한 문의
   두루제자훈련원 전화/ 0505-500-0505
   이메일 · durums@hanmail.net   홈페이지 · www.durums.org
   해외나 멀리 계신 분은 인터넷으로 통화할 수 있습니다.

8. 해외나 지역, 교회, 캠퍼스, 직장 등에서 제자훈련 사역을 하실 분은 연락 바랍니다.

9. 등록 및 후원 입금계좌: 신한은행 110-115-963454 (계좌명: 두루선교회)

저자 이문선 목사

총신대학교 신학대학원 3년 재학 중 제자훈련을 연구하여 논문을 작성하였고 캘리포니아신학대학원에서 제자훈련 논문을 출판하였다. 비브리칼신학대학원 목회학 박사과정 논문을 준비하고 있으며 지금까지 20년 이상 제자훈련을 연구하며 실시하고 있다. 현재 대한예수교장로회 총회(합동) 서울북노회 창대교회(일산) 담임목사로 섬기고 있으며 프리셉트 전문 강사로 일산을 중심으로 1998년부터 8년째 90학기(10주 과정) 정도 신구약 성경을 강의하였다. 두루제자훈련원(두루선교회)을 설립하여 2004년 12월부터 1년 7학기로 정기세미나를 인도하고 있으며 현재 목회자반과 평신도반을 강의하고 있고 연세대와 서울대와 이화여대를 중심으로 캠퍼스 사역을 실시하고 있다.

논문: 제자훈련의 이론과 실제
교재: 두루제자화 과정

제 1권 110 제자양육 1단계 그리스도의 복음	제 2권 120 제자양육 2단계 그리스도인의 성장
제 3권 130 제자양육 3단계 그리스도인의 새생활	제 4권 140 제자양육 4단계 그리스도의 교회
제 5권 150 제자양육 5단계 그리스도인의 예배	제 6권 210 제자훈련 1단계 그리스도인의 새생명
제 7권 220 제자훈련 2단계 그리스도인의 확신	제 8권 230 제자훈련 3단계 그리스도인의 생활
제 9권 240 제자훈련 4단계 그리스도의 교리	제10권 250 제자훈련 5단계 그리스도인의 성숙
제11권 310 제자무장 1단계 그리스도의 제자	제12권 320 제자무장 2단계 그리스도인의 성품
제13권 330 제자무장 3단계 그리스도의 제자도(근간)	제14권 340 제자무장 4단계 그리스도인의 사역(근간)
제15권 350 제자무장 5단계 그리스도인의 지도력(근간)	

두 루 제 자 훈 련 원   제 자 화   과 정
제11권 제자무장 1단계 그리스도의 제자

초판1쇄 발행일 | 2009년 1월 15일
초판5쇄 발행일 | 2023년 11월 15일

지은이ㅣ이문선 펴낸이ㅣ김학룡 펴낸곳ㅣ엔크리스토
마케팅ㅣ조형준 관리부ㅣ강주영,황동주,정원모
교정ㅣ김의수, 임유진 표지그림ㅣ진형주

출판등록ㅣ2004년 12월 8일(제2004-116호)
주소ㅣ경기도 고양시 일산동구 장항동 585-2
전화ㅣ (031) 906-9191 팩스ㅣ0505-365-9191
이메일ㅣ9191@korea.com
공급처ㅣ(주)기독교출판유통

ISBN 978-89-92027-59-5 04230
      89-92027-02-8(세트)
값 3,000원

● 잘못된 책은 바꾸어 드립니다.
● 이 교재의 사용 방법, 내용, 훈련, 세미나에 대한 문의는 두루제자훈련원(0505-500-0505)으로 해주시면 최선을 다해 도와드리겠습니다.